St. Ulrich – Patron des Bistums Augsburg

Untersuchungen
zur Ulrichslegende
von Gaby Steinbauer

CIP-Kurztitelaufnahme der Deutschen Bibliothek

Steinbauer, Gaby:

S[ank]t Ulrich — Patron des Bistums Augsburg : Unters. zur Ulrichslegende / von Gaby Steinbauer. S[ank]t Ottilien : EOS-Verlag, 1981.
ISBN 3-88096-198-0

Gesamtherstellung:
EOS Druck 8917 St. Ottilien

Mit kirchlicher Druckerlaubnis des bischöflichen Ordinariats Augsburg vom 4. Juli 1981

Titelbild: Hl. Ulrich (Hans Burgkmair — Flügel eines Altars — um 1518), Gemäldegalerie Berlin

INHALT

5 Historisch gesicherte Fakten aus dem Leben des heiligen Ulrich

I. Herkunft und Ausbildung

6 II. Bischof und Reichsfürst

8 III. Alter und Tod des Bischofs

11 Legende

I. Der Begriff »Legende«

12 II. »Legende« als literarische Gattung

13 III. Geschichte der Legende

14 Die Ulrichslegende

I. Ein Heiligenleben im 10. Jahrhundert

15 II. Die Vita Gerhards

24 III. Die Überarbeitung der Ulrichsvita durch den Augsburger Bischof Gebehard (zwischen 996 und 999)

26 IV. Die Neubearbeitung der Vita durch Berno von Reichenau (1008—1048)

30 V. Kurzfassung der Ulrichslegende und Übertragung ins Deutsche ab dem 12. Jahrhundert

47 Messe zum Hochfest des hl. Ulrich

49 Lesungen zum Hochfest

59 Ulrichslied

60 Gebet zum hl. Ulrich

Historisch gesicherte Fakten aus dem Leben des heiligen Ulrich

I. Herkunft und Ausbildung

Im Jahr 890 wurde Udalrich (= reich an väterlichem Erbe) in Augsburg geboren. Sein Vater hieß Hupald, seine Mutter Dietpirch. Ungefähr im Jahr 900 wurde Ulrich zur Erziehung und Ausbildung nach St. Gallen gebracht. Die Klosterschule dürfte die berühmteste der damaligen Zeit gewesen sein. Spätestens 908 kehrte Ulrich wieder nach Augsburg zurück. Dort trat er in den Dienst des Bischofs Adalpero, eines gebildeten und politisch einflußreichen Mannes, der mit dem Königshof in enger Verbindung stand; außerdem war er ein großer Förderer des Klosters St. Gallen. Ulrich wurde Kämmerer, was einer praktischen Ausbildung auf dem Gebiet der Verwaltung und der Finanz gleichkam. Nach des Bischofs Tod im Jahr 909 trat Hiltine (909–923) das Amt des Bischofs an. Dieser war nicht so gebildet wie Adalpero und nicht von adeliger Herkunft, deshalb trat Ulrich von seinem Amt als Kämmerer zurück und verwaltete die nächsten 14 Jahre die Besitzungen seiner Mutter, die inzwischen Witwe geworden war.

Der Tod Hiltines war für Ulrich wohl eines der wichtigsten Ereignisse in seinem Leben: Schwabenherzog Burchard I. stellte seinen Verwandten Ulrich dem König vor, mit der Bitte, ihm das Bischofsamt zu übertragen. Der König war von der Bildung und dem stattlichen Äußeren Ulrichs beeindruckt und ließ ihn als Nachfolger Hiltines einsetzen.

Am Sonntag, dem 28. Dezember 923, dem Fest der Unschuldigen Kinder, empfing Ulrich die Bischofsweihe.

II. Bischof und Reichsfürst

Der neugeweihte Bischof sah sich schlimmen Tatsachen gegenübergestellt: Seit dem Tod Adalperos hatten die Ungarn mehrmals die Stadt Augsburg überfallen, geplündert und verwüstet. Ulrich begann daher Aufbauarbeiten zu veranlassen, um die Schäden in Bistum und Stadt zu beseitigen.

Eine wichtige Aufgabe war für Ulrich die Ausbildung von neuen Klerikern, die er nicht nach Herkunft und Adel, sondern nach Begabung und Eignung auswählte.

Bischöfliche Visitationen und Diözesansynoden waren Schwerpunkte der Überwachung der klerikalen Disziplin. Auch Ulrich hielt sich streng an diese Pflicht. Mitte September und in der Karwoche, also zweimal im Jahr, mußte der Klerus des Bistums in die Bischofsstadt zur Synode kommen. Sendgerichte und Visitationen in vierjährigem Abstand dienten dazu, den Zustand der Pfarreien zu prüfen und den Klerus zu überwachen. Auch die Klöster wurden streng überwacht, waren sie doch die Kulturträger und Bildungsstätten dieser Zeit.

Als eifriger Förderer des Klostergedankens gründete Ulrich am 23. April 968 das Frauenkloster St. Stephan und unterstellte es der Leitung einer gewissen Ellensind. Er vermachte dem Kloster außerdem großzügige Schenkungen, sowie das Recht der freien Wahl einer Äbtissin nach Ellensinds Tod.

Bei der Einweihung neuer Kirchen scheute Ulrich keine Mühe und Anstrengung, wenn es darum ging, das Gebiet der Seelsorge zu festigen. So wurde er einmal von armen Bergbauern im Allgäu gebeten, ihr Kirchlein zu weihen, da noch kein Bischof dazu bereit gewesen sei. Ulrich nahm jedoch den beschwerlichen Weg auf sich und erfüllte die Bitte, ohne dafür ein Geschenk anzunehmen.

Sein ganzes Leben lang hatte Ulrich freundschaftlichen Kontakt zu den großen Klöstern St. Gallen, Einsiedeln und Reichenau.

Als Reichsbischof des Mittelalters konnte sich Ulrich aber nicht dem Königsdienst entziehen. Er begann sein Amt unter Heinrich I. Obwohl Heinrich sich nicht kirchlich salben und krönen ließ, was nicht nur den Ansichten Ulrichs widerstrebte, diente Ulrich ihm treu und gewissenhaft.

Zu den selbstverständlichen Aufgaben eines Reichsbischofs gehörten auch Heerfahrten und persönliche Teilnahme an Kriegskämpfen. Unter König Otto I., in dessen Nähe er sich öfter aufhielt als es für einen ottonischen Reichsbischof üblich war, mußte sich Ulrich besonders zweimal in diesen Aufgaben bewähren: Zum einen bei der Schlichtung des Liudolf' Aufstandes und zum anderen beim Ungarneinfall 955.

III. Alter und Tod des Bischofs

Obwohl Ulrich nach der Lechfeldschlacht schon die 65 überschritten hatte, war er bis kurz vor seinem Tod noch sehr rüstig und aktiv. Er reiste noch nach Einsiedeln, zum Reichstag nach Regensburg, nach Eichstätt zum Begräbnis des Bischofs Starchand und sogar nach Rom.

War Ulrich in seinen besten Lebensjahren ein autoritärer geistlicher und weltlicher Herr, der alle Angelegenheiten selbst fest in der Hand hielt und beaufsichtigte, so wandelte sich dieser Zug im Alter allmählich in die Sorge um seine Nachfolge um. Sein Neffe Adalbero, der Sohn seiner Schwester Liutgard, schien ihm als Nachfolger am geeignetsten.

Die Ostertage 973 verbrachten Ulrich und Adalbero in Dillingen bei Ulrichs Neffen Graf Riwin. Völlig unerwartet starb Adalbero dort nach einem Aderlaß. Damit zerbrach auch Ulrichs Hoffnung auf eine Sicherung seines Lebenswerkes nach seinem Tod. Er kehrte mit Adalberos Leichnam nach Augsburg zurück, wo er ihn neben seinem Grab bestattete. Der nächste Schicksalsschlag ereilte Ulrich am Staffelsee: Dort erhielt er die Nachricht vom Ableben des Kaisers, mit dem ihn lange Jahre eine freundschaftliche Beziehung verband.

Seine letzten Lebenswochen verbrachte der Bischof im Gebet oder ließ sich von Propst Gerhard Psalmen vorlesen. Schon zu schwach zum Gehen, ließ Ulrich sich jeden Tag, auf beiden Seiten gestützt, zur Messe führen. Er begann jetzt auch seine persönliche Habe an Arme und Geistliche zu verteilen.

Am Fest Johannes des Täufers ging es ihm noch einmal so gut, daß er selbst zwei Messen feiern konnte. Sein Wunsch, am Tage der Apostelfürsten Petrus und Paulus zu sterben, ging nicht in Erfüllung. Einige Tage später, am 3. Juli, ließ er mit Weihwasser besprengte Asche in Kreuzesform auf den Boden streuen und erwartete daraufliegend den Tod.

Im bischöflichen Ornat wurde Ulrich zwei Tage aufgebahrt und danach nach St. Afra gebracht, wo Bischof Wolfgang, den Ulrich selbst zum Priester geweiht hatte, die Begräbnisfeierlichkeiten vollzog.

Ungefähr zehn bis zwanzig Jahre nach dem Tod des Bischofs schrieb Propst Gerhard seine berühmte Vita über Leben und Sterben Ulrichs. Auf dieser Vita stützte man sich 993 bei der Kanonisation des verstorbenen Bischofs durch den Papst. Die beiden späteren Ulrichsviten des Augsburger Bischofs Gebehard (996–1001) und des Reichenauer Abtes Berno (1008–1048), die nur auf stilistische Verbesserung der Vita Gerhards hinzielen, besitzen keinen Quellenwert, sondern stellen die Anfänge der Umbildung zur Ulrichslegende dar. Bevor wir zur Legende des heiligen Ulrich kommen, zunächst einige Grundzüge der Legende an sich.

Legende

I. Der Begriff „Legende"

Sowohl in der Literatur als auch in der Religion wird Legende zu „Heiligenlegende" eingeengt. Dies beruht auf dem christlichen Brauch der Vorlesung von Lebens- und Leidensgeschichten eines Heiligen oder Märtyrers am betreffenden Jahrestag bei der Messe.

Zunächst nannte man die Sammlung der Heiligenleben insgesamt L e g e n d a, später wurde der Begriff auf die einzelnen Heiligengeschichten übertragen. Bis ins 13. Jahrhundert wurden die Kapitel über Märtyrer „passiones" genannt, und nur die Geschichten der Nicht-Märtyrer (= Bekenner) hießen „legenda". Nach und nach ging man dazu über unter dem Begriff Legende die schriftlich festgehaltene Vita eines Heiligen zusammenzufassen.

Im Gegensatz dazu verwendet man heute im allgemeinen Sprachgebrauch „Legende" im Sinne einer unwahren, erdichteten Begebenheit.

In der Wissenschaft ist „Legende" ein literarischer Begriff für eine religiöse Erzählung.

II. „Legende" als literarische Gattung

Die Heiligenlegende ist nicht unwichtig für die Geschichtsforschung, da sie als Quelle für überlieferungsarme Zeiten dient. Man darf den Inhalt einer Legende zwar nicht wörtlich nehmen, aber man könnte sie „eine zur höheren Wahrheit gesteigerte Wirklichkeit" (H. Rosenfeld: Legende; Stuttgart; 1972[3]; S. 6) nennen. Die Entstehung der Legende aus der Heiligenverehrung dürfte ihren Anfang beim Leben und Tod Christi haben. Bei allen Legenden, ob Erzählung, Geschichte oder Bericht, spielen das Wunderbare, das Erbauliche und die Belehrung eine große Rolle.

Ein weiteres Merkmal ist das nicht alltägliche Ereignis, das durch göttliche Fügung, z. B. Wunder, bestimmt wird. Das Original einer Legende findet man meist als Prosastück, bei dem die Hauptfigur (= der Heilige) ein Vorbild an Tugend ist, jedoch ab und zu Versuchungen des Teufels ausgesetzt ist, die er meist auch übersteht; man könnte Legende daher als religiöse Heldensage bezeichnen.

Der Begriff Legende hat nur in dem Kulturkreis Bedeutung, in dem die Heiligenerzählung entstand. Bei der Verehrung wird der Heilige zum Fürbitter der Gläubigen; dazu braucht er eine Mischung aus Menschlichkeit und Heiligkeit.

III. Geschichte der Legende

Durch die Verehrung der Heiligen am Jahrestag ihres Todes entstanden zu diesem Zweck viele Legenden, vor allem dann, wenn keine historische Lebensbeschreibung vorlag.

Legenden basieren häufig auf Wundern, die der Heilige gewirkt haben soll, und dienen damit gleichzeitig zur Propaganda und zur Ausbreitung des Kultes dieses Heiligen. Ähnlich wie die

Heldensage kann die Legende Prüfungen, Ausdauer und Glauben des Heiligen als vorbildlich und nachahmenswert darstellen und damit die Menschen in ihrem Gottvertrauen stärken.

In der Wissenschaft wird zwischen Heiligenvita und Heiligenlegende unterschieden. Die Vita ist eine historisch abgesicherte Lebensbeschreibung, während die Legende eher zum Erfundenen tendiert. Beide wurden jedoch im Laufe der Zeit immer wieder verändert und neu gestaltet.

Das folgende Kapitel beinhaltet eine Spezialisierung auf die Ulrichslegende und deren Entwicklung im Laufe der Jahrhunderte.

Die Ulrichslegende

I. Ein Heiligenleben im 10. Jahrhundert

Heiligenleben gehörten in Klöstern und Stiften zur täglichen Lektüre. Sie wurden im Mittelalter nicht so sehr aus historischem, sondern vielmehr aus kultischem Interesse abgeschrieben. So entstand im Laufe der Jahrhunderte eine Verschmelzung von Authentischem mit Sagenhaftem, Wunderbarem, zu einem bleibenden Bild des Heiligen, das allerdings häufig weit von der ursprünglichen Vita Gerhards entfernt ist.

Die Lebensbeschreibung hat zwei Aufgaben zu erfüllen. Die eine Aufgabe bezieht sich auf den Menschen und sein Lebenswerk und die andere auf die Zeit, in der er lebte. Mit dem Auftreten von Wundern zu Lebzeiten des Heiligen wird das Eingreifen der überirdischen Macht (Gott) deutlich.

II. Die Vita Gerhards

Gerhard wagte einen Ausbruch aus der zeitgenössischen Vitenschreibung, indem er das Menschliche im Wesen Ulrichs, seine Persönlichkeit und Arbeitsweise aufgrund eigener Kenntnisse darstellt; trotzdem bleibt Gerhard in seiner schematischen Darstellung traditionsgebunden, was sich nicht auf die Persönlichkeit Ulrichs, aber auf den Aufbau des Werkes bezieht.

Der Verfasser dieser Vita war ein jüngerer Zeitgenosse Ulrichs, der den Heiligen vom beruflichen und privaten Umgang persönlich kannte, und der später Propst am Augsburger Dom war. Aufgrund vieler Anfragen bezüglich des

Bischof Ulrich reitet ungefährdet durch die Wertach.

ITA·SCI·ODALRICI
ONFESSORIS·

Lebens des verstorbenen Bischofs beschloß Gerhard, in einer Vita das Leben seines ehemaligen Bischofs zu beschreiben. Dies geschah einmal aus dem Grund, Zweifler zu überzeugen, und zum anderen diente die Vita der Erbaulichkeit. Das Gesamtwerk Gerhards umfaßt die Vita (Prolog, Verzeichnis der Überschriften und Lebensbeschreibung) und zwei zusätzliche Kapitel über die Wunder des Heiligen (Miracula).

Auf der Lateransynode vom 29. 1. 993 bildet die Vita die Grundlage für die von Johannes XV. feierlich verkündete Heiligsprechung.

Vor die Lebensbeschreibung stellt Gerhard einen Prolog, in dem der Anlaß und die Absicht erklärt werden, und die Deutung des Namens Udalrich, der zunächst etymologisch richtig erklärt, dann aber gleich geistlich ausgelegt wird. Der Name sagt somit schon etwas über das Wesen eines Menschen aus; bei Gerhard dient die Namendeutung der Unterstützung der Rechtfertigung des Heiligen. Die Vita ist in 28 Kapitel unterteilt.

Besonders bei der Abhandlung der Bereiche Geburt, Kindheit und Jugend Ulrichs bis zur Besteigung des Bischofsstuhls wird deutlich, daß sich Gerhard stark an das hagiographische Schema seiner Zeit anlehnte, da er sowohl aus eigener Erfahrung, als auch durch Nachforschungen nichts über Ulrichs Leben vor Antritt des Bischofsamtes wußte bzw. erfahren konnte, so daß gerade hier legendarische Elemente verstärkt auftreten.

Zu Beginn der Vita taucht das Motiv des Geburtswunders wie folgt auf: Ulrich magert als Säugling so sehr ab, daß man seinen Tod befürchten muß. Ein im Hause der Eltern Ulrichs beherbergter Geistlicher rät den Eltern, das Kind zu entwöhnen, und sagt zudem die zukünftige Größe des Kindes voraus. Von nun an entwickelt sich Ulrich zu einem schönen, kräftigen, frühreifen Kind.

Wichtig für Ulrichs Werdegang sind die Voraussagen bezüglich seines künftigen Amtes von seiten der Reklusin Wiborada und des Papstes Marinus. Ulrich bat Wiborada um Hilfe bei seiner Entscheidung, ob er die Abtswürde annehmen und ins Kloster eintreten solle oder nicht; Wiborada weissagte ihm nach drei Tagen, daß er „in einem östlichen Gebiet, wo ein bestimmter Fluß zwei Länder scheidet“ (Kallfelz,

H.: Leben des heiligen Ulrich, Bischofs von Augsburg, verfaßt von Gerhard. In: Lebensbeschreibungen einiger Bischöfe des 10.–12. Jahrhunderts. Darmstadt 1973, S. 55) Bischof werden würde. Auf seiner ersten Romreise erfuhr Ulrich durch Papst Marinus, daß sein Herr Bischof Adalpero gestorben sei; Marinus bestimmte Ulrich zum neuen Bischof von Augsburg, was der Kandidat aber ablehnte.

Hier zeigen sich zwei Schemata: Erstens die Demut, die Bischofswürde abzulehnen, und zweitens das Zurückführen der großen kirchlichen Aufgabe auf den Rat des Papstes.

Ab der Amtsübernahme des neuen Bischofs Ulrich wird die Vita genauer und beschreibender, da Gerhard ab dieser Zeit besser über Ulrich informiert ist. Diese genaue, von der Tradition abweichende Schilderung ist es, die die Vita für die Nachwelt zu einem wichtigen Dokument jener Zeit machte. Allerdings finden sich auch in diesem Abschnitt noch Grundzüge der Hagiographie des 10. Jahrhunderts. Dazu gehören Visionen, Wunder, sowie Kritik an weltlichen Herren, Mißstände und Übeltaten, wie beispielsweise die Anklage der Heiligen gegen Herzog Arnulf von Bayern wegen der Einziehung des Klostergutes, oder die ohne den kirchlichen Segen ausgeführte Herrschaft König Heinrichs (Vergleich mit einem Schwert ohne Griff).

Es sind vor allem zwei Visionen, auf die Gerhard großen Wert legt: Da wäre einmal die Vision der segnenden Hand Gottes beim Meßopfer am Ostersonntag. Der Kantor Heilricus, der dies gesehen hatte, suchte Ulrich nach der Messe auf und erzählte ihm davon. Der hagiographischen Tradition nach hätte Ulrich aufgrund seiner Bescheidenheit versuchen müssen, das Wunder zu verbergen. Gerhard jedoch schreibt, daß der Bischof es nicht für richtig gehalten habe, daß Heilricus in Anwesenheit von Laien über dieses Wunder sprach, worüber der Kantor so betrübt war, daß er hinausging und so sehr weinte, daß er davon blind wurde.

In der zweiten Vision zeigt die heilige Afra dem Bischof das Lechfeld, auf dem der heilige Petrus mit Heiligen und Bischöfen eine Synode abhielt (bezüglich Herzog Arnulf und König Heinrich). Da sich diese zweite Vision auf bestimmte politische Ereignisse des 10. Jahrhunderts bezieht, gehört sie nicht zum hagiographischen Grundbestand.

Die Wunder, die Gerhard in seiner Vita aufführt, spielten sicherlich eine große Rolle bei der Kanonisation des Bischofs durch den Papst; hier einige Beispiele der Wunder: Ulrich läßt einmal ein Weinfaß als Geschenk nach St. Gallen überführen; dabei stürzen die Zugtiere von einer hohen Brücke herab ohne sich zu verletzen. Zur Gruppe der Bequemlichkeitswunder wäre zu rechnen, daß dem Heiligen auf einer Reise jedes Hindernis durch himmlische Fügung aus dem Weg geräumt wird; ein Beispiel dafür ist die Überquerung der hochwasserführenden Wertach: „Eines Tages mußte der Bischof aus einem triftigen Grund mit seinem Pferd die Wertach überqueren. Weil aber der Fluß Hochwasser führte, wagten sich seine Begleiter nicht durch die Furt, die auf direktem Weg lag, sondern suchten nach einer anderen, besser geeigneten Übergangsstelle. Nur eben jener Herewig blieb bei ihm zurück. Da ritt Ulrich ohne Zagen durch die Furt, die die anderen gemieden hatten. Weil es Winter war, trug er Filzschuhe gegen die Kälte. Als sie den Fluß durchquert hatten, war Herewig, obwohl er auf einem größeren Pferd saß als der Bischof, bis zum Gürtel hinauf durchnäßt. Als er aber auf die Kleider des Bischofs schaute, ob auch sie naß geworden waren, konnte er nicht einmal an den Schuhen auch ein einziges feuchtes Haar erblicken." (H. Kallfelz; a.a.O.; S. 121, 123).

Ein ähnliches Wunder ist die Errettung Ulrichs von einem sinkenden Schiff während einer Reise zum Hoftag König Ottos im Jahre 960. Gerhard deutet die Rettung wieder theologisch aus, indem er den Untergang des Schiffes durch die Verdienste des Bischofs hinauszögern läßt. Dabei bringt er auch noch einen Vergleich mit dem auf dem Wasser wandelnden Apostel Petrus an.

Das Verklärungswunder spielt eine Rolle beim Tod oder bei der Erhebung der Gebeine des Heiligen, insofern, daß dabei Geruchs- oder Lichtwunder auftreten: Bei der Waschung des Leichnams Bischof Ulrichs verbreitete sich ein süßer Duft.

Als altes Legendenmotiv ist die Versuchung des Heiligen durch den Satan zu sehen (Liudolf-Aufstand; Lechfeldschlacht).

Durch Beobachtung und Miterleben hat Gerhard eine sich von der Hagiographie des 10. Jahrhunderts abhebende, lebensnahe Schilderung des Bischofs erstellt, die den Menschen Ulrich mit seinen Stärken und Schwächen, in seinen mitmenschlichen Beziehungen und in seiner Umwelt zeigt. Sozusagen nebenbei erfahren wir das Wesentliche der damaligen Zeitgeschichte, des Klerusalltags, der Verwaltung, Rechtsprechung und Seelsorge – also ein wirklichkeitsnahes Bild des 10. Jahrhunderts.

Selbst wenn Gerhard stilistische Unebenheiten und eine schlechte Ordnung der Anlage vorgeworfen wurden, so ist doch zu bedenken, daß seine Vita einen Ausbruch aus der Tradition darstellte und neue Wege beschritten wurden.

III. Die Überarbeitung der Ulrichsvita durch den Augsburger Bischof Gebehard (zwischen 996 und 999)

Nur wenige Jahre nach der Fertigstellung der Vita Oudalrici durch Gerhard unternahm Bischof Gebehard von Augsburg eine Neubearbeitung der Lebensbeschreibung Ulrichs mit dem Ziel, die Vita Gerhards sprachlich und inhaltlich zu verbessern. Seine Kritik richtet sich unter anderem auch auf das häufige Auftauchen von Personen- und Ortsnamen, die Gerhard seiner Meinung nach zur Unterstreichung der Glaubwürdigkeit eingeflochten habe, die aber für Gebehard eine Verdunkelung der Darstellung bedeuteten.

Gebehards Motto war: Konzentration auf das Erbauliche und Nachahmenswerte. So mußte also für ihn die Darstellung von weltlichen Streitigkeiten, wie z. B. die Ungarnschlacht oder der Liudolf-Aufstand, für die Heiligenvita unpassend erscheinen. Dadurch wurde gerade das Zeitgeschichtliche, das die Vita Gerhards zu einem wichtigen Geschichtsdokument macht, zurückgedrängt oder weggelassen.

Die Neufassung Gebehards unterscheidet sich von der Vita Gerhards vor allem durch das Weglassen und Kürzen von angeblich Überflüssigem und durch die Neuordnung und Verständlichmachung des Stoffes.

Diese Überarbeitung stellt ein wesentliches Glied in der Umbildung der Vita zur Legende dar, da Gebehard das Schema der Hagiographie vermutlich sehr gut kannte und sich in seiner Fassung stark daran anlehnte. Dabei geht ein großer Teil der historischen Substanz verloren, obwohl er das Grundsätzliche, allerdings ohne Hintergründe und Begleitumstände, beibehält. Eine Typisierung erfolgt vor allem durch die Loslösung des Stoffes vom historischen Hintergrund.

Während Gerhard die Wesens- und Charakterzüge Ulrichs durch Handlungen und Ereignisse aufzeigt, erscheinen sie bei Gebehard nur aufgezählt und aneinandergereiht.

Die Vita Gebehards blieb nur ein Fragment, da der Bischof noch vor ihrer Fertigstellung starb.

Die Hauptunterschiede zur Gerhard'schen Vita sind die starke Annäherung an das hagiographische Schema, der gezierte und schwülstige Stil mit Bemühung um gelehrte Ausdrucksweise und die Sentimentalität der Darstellung.

IV. Die Neubearbeitung der Vita durch Berno von Reichenau (1008–1048)

Im Auftrag Abt Fridebolds schreibt Berno seine Ulrichsvita. Sie stützt sich auf die Viten von Gerhard und Gebehard, die Berno jedoch kritisiert: Gerhards Stil sei plump und unbeholfen, Gebehards

Stil sei für das Durchschnittsverständnis viel zu hoch. Bernos Ziele sind ein gepflegter Stil und allgemeine Verständlichkeit. Auch der Inhalt wird von Berno verändert und zwar durch Hinzufügungen, Auslassungen und Vergleiche mit biblischen Gestalten wie Abraham, Jakob, Job, Moses, Josua und den Aposteln.

Am auffallendsten sind die Veränderungen bezüglich der Lebens- und Regierungsart Ulrichs. Ähnlich wie Gebehard löst Berno diese beiden Bereiche aus ihrem aktuellen und zeitgeschichtlichen Bezug. Die einzelnen Kapitel werden beziehungslos aneinandergereiht und Ulrichs Tun auf das Wunderbare bezogen, um so die göttliche Wirksamkeit aufzuzeigen.

Gerhard versucht durch die Lebensbeschreibung zur Heiligkeit Ulrichs hinzuführen, Berno nimmt diese Heiligkeit als Voraussetzung, auf der alles andere aufbaut. In dieser dritten Vita entsteht ein Heiligenbild, das einer leeren Hülle gleicht, da es durch die Umbildung des Stoffes nach der christlichen Tugendlehre einer Stilisierung und Uniformität zum Opfer fiel, denn das Individuelle des Heiligen wurde verdeckt oder weggelassen. Auf diese Weise findet eine immer engere Anlehnung an das Schema der Hagiographie statt.

Berno schafft es, an möglichst vielen Stellen Parallelen zwischen Ereignissen in Ulrichs Leben und biblischen Situationen herzustellen. Durch diese Bibelparallelen tritt eine weitere Ausdörrung des Ulrichsbildes ein, da diese biblischen Ereignisse dem Geschehen in Ulrichs Leben die Besonderheit und Einmaligkeit nehmen.

Die Darstellung der Kindheit und Jugend des Bischofs ist besonders interessant, weil die genauen historischen Fakten fehlen und so für die Legendenbildung ein weites Feld offen liegt. Während Gerhard, der Zeitgenosse Ulrichs, nur wenig über die Zeit vor Antritt des Bischofsamtes weiß, ist Berno dagegen genau darüber informiert.

Zusammenfassend läßt sich sagen: Die Ausrichtung auf die christlichen Tugenden und biblischen Parallelsituationen schwächt das Individuelle und Persönliche Ulrichs sehr ab. Durch Auslassen der familienpolitischen, reichsgeschichtlichen und sozialen Beziehungen wird die Gestalt des Heiligen zu einer isolierten Übermenschlichkeit herauskristallisiert; damit wird Ulrich aus der Zeitgeschichte herausgelöst und einer historischen Zuordnung entzogen.

Im Vergleich mit Gerhard behält Berno nur die Fakten der ersten Vita bei, die er aber nicht wie Gerhard im Zusammenhang mit der Zeitgeschichte aufzeigt, sondern sie nur lose aneinanderreiht und aufzählt.

An der Zahl der überlieferten Handschriften läßt sich feststellen, daß die Ulrichsvita Bernos die Vita Gerhards an Beliebtheit und Popularität weit übertroffen hat, und daß durch die Fassung Bernos das Ulrichsbild des Mittelalters, das weniger eine historische als eine typische Heiligengestalt wollte, stark geprägt worden ist. Diese Lebensbeschreibung spiegelt somit nicht die Realität, sondern ein Stück Verehrungsgeschichte wider.

Die Andersartigkeit der Darstellung stellt einen weiteren Schritt zur Umbildung von der Vita zur Legende dar. Die Berno'sche Fassung gehört jedoch zweifellos noch dem Typus „Vita“ an, da sie noch zu sehr biographisch und reichhaltig schildernd ist, als daß man sie der Gattung Legende zuordnen könnte. Sie bildet aber die Grundlage für die legendarischen Kurzformen der Folgezeit.

V. Kurzfassungen der Ulrichslegende und Übertragungen ins Deutsche ab dem 12. Jahrhundert

1) 12. Jahrhundert

Der Vita Gerhards wurden um 1200 ein Bericht von der Translatio des Heiligen sowie einige Wunder angehängt.

Um 1220–1240 übertrug der Augsburger Geistliche Albertus die Vita Bernos ins Deutsche. Diese wörtliche Übersetzung umfaßt ca. 1600 mittelhochdeutsche Verse.

Eine weitere Kurzfassung taucht als Nachtrag eines Legendars des 11. Jahrhunderts auf.

2) 13. Jahrhundert

Ein neues Bild des Heiligen entsteht durch das Weglassen seiner tatenreichsten Jahre, womit der Schwerpunkt auf geheimnisvollen Ereignissen der Kindheit und Jugend, sowie auf der wundersamen Verklärtheit von Alter und Tod liegt. Durch diese Gewichtsverlagerung wird der Charakter der Vita stark abgewandelt.

Für die Person Ulrichs bedeutete die Umformung folgendes: Alles Reichsgeschichtliche, Lokale und Persönliche wurde weggelassen. Was übrigbleibt ist ein farbloser Bericht über das Leben eines Heiligen, das nun völlig beziehungslos und isoliert dasteht und damit seiner Individualität beraubt ist. Der Verlust an Anschaulichkeit und Atmosphäre, der schon bei Berno zu finden war, wird hier noch verstärkt. Mit dem Verschwinden der Geschichtlichkeit als Kennzeichen tritt nun die Vita zugunsten der Legende zurück.

Unter den Kurzfassungen finden sich häufig auch die locker gebauten Episoden-Legenden, deren Keimzelle das Mirakel ist. Da die Mirakel autonom, in sich geschlossen, sind, sind sie auf keinen Zusammenhang angewiesen. In diesen Legendentyp wurden von den Verfassern sogar weltliche Ereignisse aufgenommen, dabei allerdings zweckdienlich völlig verändert.

3) 14. Jahrhundert

Es entwickeln sich keine neuen Formen, sondern die schon vorhandenen Züge werden weiter ausgebildet.

Durch die Loslösung aus der Zeitgeschichte ergeben sich Einzelelemente, die der Belehrung oder Ermahnung dienen sollen und die beliebig in andere Legenden eingesetzt werden könnten.

4) 15. Jahrhundert

Im 15. Jahrhundert entstehen deutschsprachige Fassungen mit größerem Wirkungsbereich, die sich aber in Form und Sprache ganz an die lateinischen Ulrichstexte anlehnen.

Den Anfang bildete wahrscheinlich das sogenannte Prosapassional, eine Zusammenstellung (handschriftlich) volkssprachlicher Ulrichslegenden der Jahrhundertwende. Um 1450 entsteht die Augsburger Prosa, die auf die Vita Gerhards zurückgreift und sich um eine treue Wiedergabe der Lokalgeschichte und des Lebens des begeistert verehrten Stadtheiligen bemüht. Diese Augsburger Prosa ist in drei Münchener Handschriften überliefert. Seit der ersten Drucklegung 1472 zeigt sich beim Prosapassional ein deutlicher Charakterwandel: Durch die Erschließung eines breiteren Leserkreises fand eine Art Verweltlichung des Textes statt, und das Prosapassional tendierte zur Unterhaltungsliteratur. Ab 1480 entsteht eine neue Version, die praktisch eine Verschmelzung des ursprünglichen Prosapassionals mit der Augsburger

Prosa darstellt. Am stärksten zeigt sich der Verweltlichungstrend in dem Sonderdruck der Koberger Druckerei 1488.

Jede der aufgeführten Darstellungen gibt den Stoff in anderer inhaltlicher Gewichtsverlagerung wieder. Die Entwicklung verläuft nicht gradlinig, sondern hat jeweils einen anderen Ansatzpunkt. Die geänderten Aspekte zeigen, daß sich einerseits Ulrichs Bedeutung und andererseits der Zweck legendarischer Überlieferung wandelte.

Die Größe Ulrichs, des ersten „offiziellen" Heiligen, zeigt sich in seiner Weltoffenheit und seinen zeitgeschichtlichen Aktivitäten.

Die Wunder, die die Gerhard'sche Vita aufführt, sind örtlich und zeitgeschichtlich gebunden und deshalb für das geschichtlich ungebildete Volk nicht ohne weiteres verständlich. Augsburg aber stellte ein Zentrum der Ulrichsverehrung dar, da man hier mit der Stadtgeschichte vertraut war. Dank der großen Verbreitung der Druckerkunst in Augsburg erfuhr die Ulrichslegende einen starken Aufschwung.

a) Augsburger Prosa

Nach der Melker Reform 1440 erlebt das Kloster St. Ulrich und Afra eine neue Blüte, und in Augsburg flammt erneut die Ulrichsverehrung auf.

Bei der literarischen Wiederaufnahme des Ulrichsthemas greift man auf die ausführliche Vita Gerhards zurück. Die Neufassung wurde zunächst für eine Gruppe von Gebildeten zum intensiven Studium des Ulrichslebens geschaffen, durch den Druck wurde sie dann aber einem breiteren Publikum zugänglich. Der Text der Gerhard'schen Vita wurde gekürzt und auf die handlungsfördernden Elemente beschränkt. Die Vita Bernos hat nur ergänzende Funktion in bezug auf den sprachlichen Stil. Man kann diese Bearbeitung jedoch nicht als Übersetzung betrachten, sondern muß sie als Neugestaltung sehen.

Der Schwerpunkt der Darstellung ist das Geschehen um Ulrich selbst. Durch die Kürzung wird nichts an Sachlichkeit eingebüßt; der Inhalt wird nur straffer und konzentrierter wiedergegeben.

An zwei Stellen wird die Neufassung gegenüber der Vita Gerhards jedoch erweitert. Dies scheint zur Auffüllung von chronologischen Lücken geschehen zu sein, da sich der Trend des Verfassers zu einer inneren Geschlossenheit der Gesamthandlung zeigt. Das Ziel des Schreibers ist die Beschreibung des außerordentlichen Lebens und nicht mehr wie bei Gerhard eine umfassende Würdigung der hervorragenden Persönlichkeit.

b) Prosapassional vor 1480

Ab 1480 wird die Augsburger Prosa mit dem Prosapassional verflochten. Vorher war die Ulrichslegende des ca. 100jährigen Legendensammelwerks bestimmt durch eine fromme Grundhaltung der wenigen, teils stereotypen Motive und Begebenheiten. Man findet zwei Arten der Überlieferung vor: Handschriften und frühe Drucke.

HANDSCHRIFTEN: Der Inhalt ist in allen Handschriften gleich und ohne Kapiteleinteilung: Abstammung, Geburt, Entwöhnung, Erziehung in St. Gallen, Weissagung der Wiborada, Papstbesuch, Tugenden, Wunder der dextera dei, Afravision, Wasserwunder, Ulrichs Krankheit, Vision der beiden Jünglinge vor der Johannismesse, Ulrichs Sorgen um seinen Todestag und die Bestattung, Tod und Geruchswunder, Beerdigung, Wunder an seinem Grab und Schlußgebet an den Heiligen.

Ein wesentliches Merkmal ist das Fehlen jeglicher Parallelen zur Bibel und die Beschränkung auf die sachliche Vermittlung von Begebenheiten zur Vorantreibung des Erzählfortganges, unter Weglassung alles Hemmenden. Nur an drei Stellen sind Erweiterungen in Form von frommen, volkstümlichen Geschichten eingeflochten.

Die Ulrichslegende im Prosapassional stellt keine fortlaufende Lebensbeschreibung dar, sondern besteht aus einzelnen chronologisch nicht fixierten Erzählungen, sozusagen einer Auswahl beispielhafter Zeugnisse der Heiligkeit Ulrichs.

Im Prosapassional fehlt jegliche Verbindung zur Zeitgeschichte; nur in Andeutungen auf andere Personen kann auf das Alter, die örtliche Zugehörigkeit und die historischen Hintergründe geschlossen werden.

Das Prosapassional und die Augsburger Prosa unterscheiden sich durch die völlig verschiedene Einstellung zum Stoff. Ersteres ist charakterisiert durch beispielhafte Ereignisse aus Ulrichs Leben, letzteres bemüht sich um eine möglichst exakte Darstellung und Beschreibung der historischen und geistlichen Vorkommnisse.

ERSTE DRUCKE: 1471 wurde das Prosapassional in veränderter Form erstmals von Günther Zainer in Augsburg gedruckt. Bis 1480 entstanden auch noch an anderen Orten Neuauflagen des gedruckten Prosapassionals, die aber alle übereinstimmen, was bedeutet, daß das für den ersten Druck verwendete Original nur einmal als Quelle benutzt wurde und sich die Neuauflage alle auf die Fassung des ersten Druckers stützten. Diese gedruckten Prosapassionale kennzeichnen eine entscheidende inhaltliche Kürzung. Der restliche Inhalt besteht aus folgenden Punkten: Geburt und Entwöhnung, Erziehung in St. Gallen, Weissagung Wiboradas, Dienst bei Adalpero, Papstbesuch, kurze Aufführung seiner Mildtätigkeit, Enthaltsamkeit und Frömmigkeit, Vision der dextera dei, Afravision, Sorge um Bestattung und Tod, Beerdigung durch Bischof Wolfgang und Gebet.

Der Text der übernommenen Passagen erscheint unverändert. Durch die Kürzungen wird die Aussage erheblich verändert. Was gekürzt wurde sind hauptsächlich die Wunder. Daher erscheint die ganze Legende wesentlich verweltlicht. Das Erbauliche, die Heiligkeit und das Wunderbare wird nur am Rande mitgezogen, während das Hauptinteresse auf der Handlung liegt.

Werden in der Augsburger Prosa die Realitätsnähe und die Zeitgeschichte für einen besseren Kontakt zum Leser herausgearbeitet, so stellt das Prosapassional einen vom irdischen Geschehen isolierten Heiligen dar.

c) Prosapassional nach 1480

Die Druckerwerkstatt Bämler in Augsburg gab 1480 das Prosapassional und speziell die Ulrichslegende in völlig neuer, stark erweiterter Form heraus, wahrscheinlich aufgrund eines erneut aufflammenden Interesses an den Stadtheiligen (denn auch die Afralegende wurde umgearbeitet). Diese Neufassung war ein wesentlicher Faktor in der weiteren Entwicklung der Ulrichslegende. Aber nicht nur in Augsburg, sondern auch in Wien, Köln, Lübeck, Straßburg und Basel wird die Ulrichslegende nun in der gleichen Form wie in Augsburg gedruckt.

Durch die Kombination des bisherigen Prosapassionals mit der Augsburger Prosa werden auch die zeitgeschichtlichen Beziehungen wieder aufgenommen. Die Ulrichslegende besteht nun aus 56 Erzählpunkten (im Gegensatz zu 19 des alten Prosapassionals). Es wird die Form der Augsburger Prosa angenommen, und auch die Erweiterungen stammen daraus. Zusätzlich wird noch die Erklärung des Fischattributes des heiligen Ulrich angehängt. In der neuen Fassung fehlt zwar die Kapiteleinteilung, aber die Reihenfolge der Erzählungen ist beibehalten. Verglichen mit der Augsburger Prosa fehlt ca. ein Viertel ihres Inhaltes, aber Anfang und Ende der Legende zeigen eine biographische Dichte, während der Mittelteil eine lockere Abfolge einzelner, beispielhafter Episoden darstellt.

In dieser neuen Ulrichslegende werden die Charakterzüge aller vorherigen Fassungen verknüpft. Es wird sowohl der Zeitgeschichte, als auch der Erbaulichkeit Rechnung getragen. Durch den Einsatz aller möglichen darstellerischen Mittel werden die Schwerpunkte gleichmäßig verteilt.

Die Legende wirkt volkstümlich und lebhaft, da sie keine langen Aufzählungen enthält; der Kontakt zum Leser wird mittels des lokalen Bezugs hergestellt. Sachlichkeit, Beschaulichkeit und Wunder wechseln sich so ab, daß weder der historische, noch der erbaulich-verherrlichende Zug ein Übergewicht bekommt. Auch die drei typischen Legendenmotive Berufung, Bewährung und Bestätigung erscheinen mit jeweils gleicher Gewichtigkeit.

d) Sonderdruck Koberger mit Erklärung des Fischattributs

Der Stil dieses Druckes ist vor allem volkstümlich und unterhaltend. Durch bewußte Einflechtung lokaler Andeutungen und genauer Datierungen wird die Legende in ihrem Beziehungsgeflecht fixiert und so dem Leser nähergebracht und ansprechender gemacht.

Auch hier wird die Erklärung des Fischattributs angehängt. Die Geschichte mit dem Fisch hat für die Legende keine Bedeutung, nimmt aber bei Koberger eine zentrale Stellung ein. Hier der Text, wie er erstmals im Druck von Bämler 1480 erschien:

„Item sant ulrich saß an einem donerstag über das nachtmal mit sant Cunrat do redten sy von got die gantzen nacht. zemorgens am freytag stund der tisch also gericht. Do gab sant ulrich einem poten ein diech von einem proten hon. das behielt der pot und wolt es zeygen. do er das auß sein säcklin zoch do was es ein visch. darumb malet man im ein visch in sein hand."

Da das Fischmotiv 1455 auf einem Altarbild des „Meisters der Ulrichslegende" und am Anfang des 16. Jahrhunderts auf einem Gemälde Holbeins des Älteren auftaucht, muß die Geschichte mit dem Fisch schon vor dem Druck mündlich überliefert worden sein. Es ist jedoch ungeklärt, woher diese Episode stammt. In früheren Darstellungen wurde Ulrich nur mit einem Buch (das auf sein Amt als Bischof hindeutet) dargestellt. Erst im 14. Jahrhundert taucht der Fisch als Hauptattribut Ulrichs auf. Auch die Gerhard'sche Vita deutet in keinem Satz auf ein Fischmotiv hin.

Zwischen der Vita Gerhards und der Neufassung des Prosapassionals machte die Ulrichslegende fast alle Möglichkeiten der legendarischen Veränderung durch, wobei sie immer mehr aus ihrer zeitgeschichtlichen Bindung losgelöst und zu einem nachahmenswerten und verehrungswürdigen, vorbildlichen Heiligenleben umgeformt wurde.

5) 16. Jahrhundert

Als letzte mittelalterliche Ausgabe der Ulrichsvita kann man den Druck von

Silvan Otmar 1515 bezeichnen. Zum Zweck der Verbreitung erschien das Büchlein, das zuerst in Latein herausgegeben wurde, noch im selben Jahr in Deutsch. Die Vita Bernos mit Fischwunder und Legende vom Ulrichskreuz diente als Vorlage. Das Büchlein enthält 84 kurze Kapitel und eine Darlegung für die Verdeutschung. Hier ist man an einer Wende angelangt, und zwar am Schluß der mittelalterlichen Legendentradition, der aber zugleich den Anfang der neuen, freieren Gestaltung bedeutet.

Im Zeitalter der Reformation geschah dann ein Umschwung, bei dem die Gestalt Ulrichs ziemlich mißdeutet wurde. In Augsburg wirkte in der Mitte des 16. Jahrhunderts jedoch ein Mann, der dazu verhalf, das Ulrichsbild auf historischer Grundlage neu herzustellen: Der Jesuit Petrus Canisius, für den Ulrich zu den großen Bischöfen des Mittelalters gehört. Das unter Mitarbeit von Canisius entstandene Werk dürfte das Heiligenbild Ulrichs für einen großen Teil der Bevölkerung wesentlich mitgeprägt haben.

Bezüglich der Ulrichslegende diente als Vorlage zum großen Teil die Vita Bernos, doch es tauchen auch einige Sonderpunkte auf: Als Geburtsort Ulrichs wird Dillingen genannt, die Afrakirche wird als Ulrichskirche bezeichnet, womit der Verfasser wahrscheinlich historisch präzisieren wollte. Das goldene Kreuz, das Ulrich angeblich während der Lechfeldschlacht von einem Engel erhalten hat, und die Bewahrung des Hochstifts Augsburg von der Rattenplage durch Ulrich gehören dagegen der spätmittelalterlichen Augsburger Tradition an, und somit gehören sie zur Ulrichslegende, wie sie speziell im 15. Jahrhundert bekannt war.

Nachdem das Konzil von Trient die Heiligenverehrung wieder aufgenommen hatte, erlebte auch die Hagiographie einen neuen Aufschwung. Nun entstehen einige kleine Lebensbeschreibungen Ulrichs, die sich aber fast alle an den Ulrichsviten und -legenden des Mittelalters orientieren; ihre Fortsetzung ist wohl in den Ulrichsdramen zu sehen.

Zwei weit wichtigere Beiträge zur Ulrichslegende liefern Kaspar Brusch und Markus Welser. Brusch scheint außer der Vita Bernos noch andere Quellen zugezogen zu haben, was an zwei Beispielen, die nicht durch die Berno'sche Vita belegt sind, deutlich wird:

Er erzählt vom Tode des Bischofs Notting von Konstanz, dessen Bestattung und die darauffolgende Bischofswahl von Ulrich geleitet worden sind, und von der Taufe des gefangenen Ungarnkönigs auf den Namen Stefan, nach dem später das Kloster St. Stefan benannt wurde (letzteres gehört mit Sicherheit der spätmittelalterlichen Legende an). Durch diese eingebauten Nachrichten versuchte Brusch Lebendigkeit und Farbe in seine Darstellung zu bringen, nicht aus Gründen der Erbaulichkeit, sondern um historische Lücken auszufüllen.

Welser brachte eine wirkliche Neuerung heraus: Eine kritische Ausgabe von drei Ulrichsviten, und zwar der Vita Gerhards, bestehend aus Vita und Miracula, der Vita Bernos mit dem Fischwunder und einem Bericht über die Translation der Gebeine Ulrichs.

6) 17. Jahrhundert bis Gegenwart

Im Barock entstanden viele kleine, meist unbedeutende Ulrichslegenden. Die beiden wichtigsten Werke sind zum einen die kleine Legendensammlung des Bartholomäus Wagner aus Augsburg aus dem Jahre 1589, in der der Verfasser nur die drei Bereiche „Ulrichskreuz“, „Fischattribut“ und „Verschonung von der Rattenplage“ herausgreift und daran eine Katechese für das katholische Leben knüpft; der Stil ist fließend und gewandt und ist ein gutes Beispiel für das Verstehen sowie die Auslegung der Legenden dieser Zeit. Zum andern ist es die Augsburger Kirchenchronik des Benediktinerabtes Carl Stengel aus dem Jahr 1620, die ein ausführliches Kapitel über St. Ulrich enthält.

Den Höhepunkt der barocken Ulrichsliteratur bilden das Ulrichsleben des Martin von Cochem in dessen Werk „Verbesserte Legenden der Heiligen“ und die Geschichte vom enthaupteten Ritter im History-Buch. Letztere lautet: Ein Graf verdächtigt seine Frau grundlos, ihn mit einem Ritter betrogen zu haben. Zur Strafe läßt er den Ritter enthaupten und seinen Kopf der Gräfin um den Hals hängen. Der von der Gräfin zu Hilfe geholte Ulrich erreicht durch sein Gebet, daß das Haupt des toten Ritters zu sprechen beginnt und die Unschuld der Gräfin bezeugt. Ulrich läßt den Körper des Enthaupteten ausgraben und erweckt den Ritter wieder zum Leben. Auch Carl Stengel (s. o.) bringt diese Schauergeschichte des Ritters in seinem Buch „De divinis iudiciis“, wo er die kurze Episode sehr lebhaft erzählt, zu einer mehrere Seiten umfassenden, sehr detaillierten Geschichte macht.

In der Folgezeit ist es um die Entwicklung der Legende sehr schlecht bestellt. Im 19. und 20. Jahrhundert gibt es kaum neue Lebensbeschreibungen des heiligen Ulrich. Der Trend geht nun mehr über zu Ulrichsgedichten und -liedern. Auch die Beschreibung des Ulrichslebens durch Peter Dörfler 1955 hat nichts mit der Ulrichslegende zu tun, sondern beschränkt sich streng auf ein historisches Lebensbild Ulrichs.

Der Heilige ist ein auserwählter, gottbegnadeter Mensch; in der Legende wird deshalb nur das dargestellt, was diese Begnadung verdeutlicht. Die strenge Beschränkung und Funktionsgebundenheit im Detail ist somit das wesentlichste Merkmal der Legende.

Hl. Ulrich, Bischof von Augsburg, Patron des Bistums Augsburg Hochfest

Als Sohn des alemannischen Edelings Hupald und der hl. Dietpirch (Dietburg) geboren, wurde er in St. Gallen ausgebildet und 923 zum Bischof von Augsburg gewählt. Als solcher erfüllte er treu seine Pflichten und spielte auch eine wichtige politische und militärische Rolle (Abwehr der Ungarn 955). In der pastoralen Reform seiner Zeit war er eine der führenden Bischofsgestalten, besonders verdient um die Domschule, die Synodaltätigkeit, die Predigt und eine würdige Feier der Liturgie, durch sein persönliches Leben, besonders seine Sorge für die Armen, ein Vorbild für Volk und Klerus. Er starb am 4. Juli 973 in Augsburg. Sein Grab ist in der Kirche St. Ulrich und Afra. Er wurde 993 in erstmaliger förmlicher Kanonisation vom Papst heiliggesprochen. Er ist der Patron des Bistums und der Stadt Augsburg.

Eröffnungsvers

Das ganze Volk flehte zum höchsten Herrn um Erbarmen.

Vgl. Sir 50, 17.19

Oder:

Wunderbar erweise deine Huld!
Du rettest alle, die sich an deiner Rechten
vor den Feinden bergen. *Ps 17 (16), 7*

Tagesgebet

Gott, du bist reich an Erbarmen.
Du hast der Kirche von Augsburg
in einer Zeit schwerer Not
den heiligen Ulrich
als tatkräftigen Bischof geschenkt.
Seine Fürbitte helfe uns,
die Gefahren unserer Zeit
in der Kraft des Glaubens zu bestehen.
Darum bitten wir durch Jesus Christus.

Gabengebet

Allmächtiger Gott,
nimm das Opfer an,
das wir am Fest des heiligen Ulrich dir weihen.
Ihm gab es in schweren Zeiten Kraft
zu treuem Hirtendienst;
uns schenke es Zuversicht
in den Bedrohungen des Lebens.
Darum bitten wir durch Christus, unseren Herrn.

Kommunionvers

Ich will jubeln und über deine Huld mich freuen;
du bist mit meiner Not vertraut. *Ps 31 (30), 8*

Oder:

Gepriesen sei der Herr, der wunderbar an mir gehandelt
und mir seine Güte erwiesen hat zur Zeit der Bedrängnis.
Ps 31 (30), 22

Schlußgebet

Herr, unser Gott,
du hast uns mit dem Brot vom Himmel gestärkt.
Bewahre uns unter dem Schutz
der seligen Jungfrau Maria
vor den Irrungen und Verlockungen der Zeit.
Mach uns treu im Glauben
und laß das Werk unserer Hände gelingen.
Darum bitten wir durch Christus, unseren Herrn.

HL. ULRICH, Bischof von Augsburg, Patron des Bistums Augsburg

Hochfest

REIHE I

1. LESUNG Sir 50, 1.2.4.11.12.19–21

Er hat seine Stadt gegen den Feind befestigt

Lesung aus dem Buch Jesus Sirach.
Der größte unter seinen Brüdern,
der Ruhm seines Volkes
ist der Priester Schimon, Sohn des Jóhanan.
Zu seiner Zeit wurde das Gotteshaus ausgebessert,
in seinen Tagen der Tempel befestigt. [1]
Zu seiner Zeit wurde die Mauer gebaut. [2]
Er hat sein Volk gegen Plünderung gesichert,
seine Stadt gegen den Feind befestigt. [4]
Wie herrlich,
wenn er emporstieg zum erhabenen Altar. [11]
Rings umgab ihn der Kranz seiner Söhne. [12]
Alles Volk jubelte
im Gebet vor dem Barmherzigen,
bis der Priester den Dienst des Herrn vollendet
und ihm die vorgeschriebenen Opfer
dargebracht hatte. [19]
Dann stieg er herab und erhob seine Hände
über die ganze Gemeinde Israels.
Der Segen des Herrn war auf seinen Lippen,

den Namen des Herrn nennen zu dürfen
war sein Ruhm.[20]
Sie aber fielen nieder,
um den Segen von ihm zu empfangen.[21]

1. ZWISCHENGESANG

Antwortpsalm: Ps 28 (27), 6–7.8–9

6 Der Herr sei gepriesen!
Denn er hat mein lautes Flehen erhört.
7 Der Herr ist meine Kraft und mein Schild,
mein Herz vertraut ihm.
Mir wurde geholfen. Da jubelte mein Herz;
ich will ihm danken mit meinem Lied.

8 Der Herr ist die Stärke seines Volkes,
er ist Schutz und Heil für seinen Gesalbten.
9 Hilf deinem Volk und segne dein Erbe,
führe und trage es in Ewigkeit!

Kehrvers Ps 9, 11:
Auf dich vertraut, wer deinen Namen kennt;
denn du, Herr, verläßt keinen, der dich sucht.

2. LESUNG Hebr 13, 7.8.15.16

Vergeßt nicht, wohlzutun und mit anderen zu teilen

Lesung aus dem Brief an die Hebräer.
Denkt an eure Vorsteher, die euch das Wort Gottes verkündet haben, schaut auf den Ausgang ihres Lebens und ahmt ihren Glauben nach![7] Jesus Christus ist derselbe gestern und heute und in Ewigkeit![8] Durch ihn laßt uns Gott allezeit das Lobopfer darbringen, nämlich die Frucht der Lippen, die seinen Namen preisen.[15] Vergeßt nicht, wohlzutun und mit anderen zu teilen; denn an solchen Opfern hat Gott Gefallen.[16]

2. ZWISCHENGESANG Vers: Joh 15, 15

Halleluja.
So spricht der Herr:
Ich habe euch Freunde genannt,
weil ich euch alles geoffenbart habe,
was ich vom Vater gehört habe.

EVANGELIUM Joh 15, 9–17

Liebt einander, wie ich euch geliebt habe

✠ Aus dem heiligen Evangelium nach Johannes.
Jesus sprach: Wie mich der Vater geliebt hat, so habe auch ich euch geliebt; bleibt in meiner Liebe![9] Wenn ihr meine Gebote haltet, bleibt ihr in meiner Liebe, wie ich die Gebote meines Vaters gehalten habe und in seiner Liebe bleibe.[10] Dies habe ich zu euch gesagt, damit meine Freude in euch ist und damit eure Freude vollkommen wird.[11]
Das ist mein Gebot: Liebt einander, wie ich euch geliebt habc![12] Es gibt keine größere Liebe als die, wenn einer sein Leben gibt für seine Freunde.[13] Ihr seid meine Freunde, wenn ihr tut, was ich euch auftrage.[14] Ich nenne euch nicht mehr Knechte; denn der Knecht weiß nicht, was sein Herr tut; ich habe euch Freunde genannt, weil ich euch alles geoffenbart habe, was ich von meincm Vater gehört habe.[15] Nicht ihr habt mich erwählt, sondern ich habe euch erwählt, und ich habe euch dazu bestimmt, daß ihr hingeht und Frucht bringt und daß eure Frucht bleibt. Dann wird euch der Vater alles geben, um was ihr ihn in meinem Namen bittet.[16] Dies trage ich euch auf: Liebt einander![17]

REIHE II

1. LESUNG 2 Makk 13, 9–14

Er ermahnte das Volk, Tag und Nacht den Herrn anzurufen

Lesung aus dem zweiten Buch der Makkabäer.
Der König begann, den Juden noch weit Schlimmeres
in Aussicht zu stellen als das, was zur Zeit seines Vaters
geschehen war.[9] Judas hörte davon und ließ dem Volk
bekanntgeben, man solle Tag und Nacht zum Herrn
beten. Wenn je zu einer Zeit, dann müsse er ihnen jetzt
helfen. Man wolle ihnen das Gesetz, das Vaterland und
den heiligen Tempel rauben.[10] Gerade erst habe das
Volk ein wenig aufatmen können; Gott möge doch
nicht zulassen, daß sie den gottlosen Heiden in die
Hände fielen.[11] Drei Tage lang lagen sie ohne Unter-
brechung auf den Knien und flehten unter Tränen und
Fasten gemeinsam den barmherzigen Herrn an. Judas
sprach ihnen Mut zu; dann gab er ihnen den Befehl,
sich bereit zu halten.[12] Auf einer geheimen Sitzung
der Ältesten ließ er den Beschluß fassen, man solle,
bevor der König in Judäa eindringen und die Stadt
in seine Gewalt bringen könne, ausrücken und die
Sache mit Gottes Hilfe entscheiden.[13] Er stellte den
Ausgang dem Schöpfer der Welt anheim und feuerte
seine Männer an, bis zum Tod tapfer für Gesetze,
Heiligtum, Stadt, Vaterland und Verfassung zu kämp-
fen.[14]

1. ZWISCHENGESANG

Antwortpsalm: Ps 3, 2 u. 86 (85), 7; 18 (17), 3; 31 (30), 15–16

3,2 Herr, wie zahlreich sind meine Bedränger;
so viele stehen gegen mich auf.
86,7 Am Tag meiner Not rufe ich zu dir,
denn du wirst mich erhören.

18,3 Herr, du mein Fels, meine Burg, mein Retter,
mein Gott, meine Feste, in der ich mich berge,
mein Schild und sicheres Heil, meine Zuflucht.

31,15 Herr, ich vertraue dir,
ich sage: „Du bist mein Gott."
16 In deiner Hand liegt mein Geschick;
entreiß mich der Hand meiner Feinde und Verfolger.

Kehrvers Ps 31 (30), 20b:
Du erweisest deine Güte allen,
die sich vor den Menschen zu dir flüchten.

2. LESUNG 1 Petr 5, 1–4

Seid nicht Beherrscher eurer Gemeinden, sondern ein Vorbild

Lesung aus dem ersten Petrusbrief.
Ihr Ältesten, da ich Ältester bin wie ihr und Zeuge der Leiden Christi und an der Herrlichkeit, die sich offenbaren wird, teilhaben soll, ermahne ich euch:[1] Weidet die Herde Gottes bei euch, aber nicht, weil ihr dazu gezwungen seid, sondern freiwillig, wie Gott es will; tut es nicht aus Gewinnsucht, sondern weil ihr es gerne tut;[2] seid nicht Beherrscher eurer Gemeinden, sondern seid ein Vorbild für eure Herde![3] Wenn dann der höchste Hirte erscheint, werdet ihr den nie verwelkenden Kranz der Herrlichkeit empfangen.[4]

2. ZWISCHENGESANG Vers: Jes 58, 10

Halleluja.
Gib dem Hungrigen dein Brot
und mach den Darbenden satt!
Dann geht in der Finsternis dein Licht auf.

EVANGELIUM Lk 14, 12–14

Wenn du ein Essen gibst, dann lade Arme ein

✠ Aus dem heiligen Evangelium nach Lukas.
Jesus sagte zu dem Gastgeber: Wenn du mittags oder abends ein Essen gibst, so lade nicht deine Freunde oder deine Brüder, deine Verwandten oder reiche Nachbarn ein; sonst laden auch sie dich ein, und damit ist alles wieder abgegolten.[12] Nein, wenn du ein Essen gibst, dann lade Arme, Krüppel, Lahme und Blinde ein.[13] Wohl dir, denn sie können es dir nicht vergelten. Es wird dir vergolten werden bei der Auferstehung der Gerechten.[14]

REIHE III

1. LESUNG Sir 4, 1–4.8.10

Mißachte nicht die Bitten des Geringen

Lesung aus dem Buch Jesus Sirach.
Mein Sohn,
entziehe den Armen nicht den Lebensunterhalt
und laß die Augen des Betrübten
nicht vergeblich warten![1]
Enttäusche den Hungrigen nicht
und errege nicht das Herz des Unglücklichen![2]

Verweigere die Gabe dem Bedürftigen nicht [3]
und mißachte nicht die Bitten des Geringen! [4]
Neige dem Armen dein Ohr. [8]
Sei den Waisen wie ein Vater.
Dann wird Gott dich Sohn nennen
und sich deiner erbarmen. [10]

1. ZWISCHENGESANG

Antwortpsalm: Ps 112 (111), 1.5.6.9

1 Wohl dem Mann, der den Herrn fürchtet und ehrt
und sich herzlich freut an seinen Geboten.

5 Wohl dem Mann, der gütig und zum Helfen bereit ist,
der das Seine ordnet, wie es recht ist.

6 Niemals gerät er ins Wanken;
sein Herz ist fest, er vertraut auf den Herrn.

9 Reichlich gibt er den Armen,
sein Heil hat Bestand für immer;
er ist mächtig und hoch geehrt.

Kehrvers 1 Thess 3, 12:
Der Herr lasse euch wachsen und reich werden
in der Liebe zueinander und zu allen.

2. LESUNG 1 Joh 4, 7–12.19–21

Wenn wir einander lieben, bleibt Gott in uns

Lesung aus dem ersten Johannesbrief.
Liebe Brüder, wir wollen einander lieben; denn die
Liebe ist aus Gott, und jeder, der liebt, stammt von Gott
und erkennt Gott. [7] Wer nicht liebt, hat Gott nicht er-
kannt; denn Gott ist Liebe. [8] Die Liebe Gottes wurde
unter uns dadurch offenbar, daß Gott seinen einzigen
Sohn in die Welt gesandt hat, damit wir durch ihn

leben.[9] Die Liebe besteht nicht darin, daß wir Gott geliebt haben, sondern daß er uns geliebt und seinen Sohn als Sühne für unsere Sünden gesandt hat.[10] Liebe Brüder, wenn Gott uns so geliebt hat, müssen auch wir einander lieben.[11] Niemand hat Gott je geschaut; aber wenn wir einander lieben, bleibt Gott in uns, und seine Liebe ist in uns vollendet.[12]
Wir sollen lieben, weil er uns zuerst geliebt hat.[19] Wenn jemand sagt: Ich liebe Gott, aber seinen Bruder haßt, ist er ein Lügner; denn wer seinen Bruder, den er sieht, nicht liebt, kann Gott nicht lieben, den er nicht sieht.[20] Und dieses Gebot haben wir von ihm: Wer Gott liebt, soll auch seinen Bruder lieben.[21]

2. ZWISCHENGESANG Vers: Röm 15, 2.3

Halleluja.
Jeder von uns soll für den Nächsten leben,
um Gutes zu tun und die Gemeinde aufzubauen.
Denn auch Christus hat nicht für sich selbst gelebt.

EVANGELIUM Mt 20, 25–28

Wer bei euch groß sein will, sei euer Diener

✠ Aus dem heiligen Evangelium nach Mattäus.
Jesus rief seine Jünger zu sich und sagte: Ihr wißt, daß die Herrscher ihre Völker unterjochen und die Mächtigen ihre Macht über die Menschen mißbrauchen.[25] Bei euch soll es nicht so sein, sondern wer bei euch groß sein will, sei euer Diener,[26] und wer bei euch der Erste sein will, sei euer Sklave.[27] Denn auch der Menschensohn ist nicht gekommen, um sich dienen zu lassen, sondern um zu dienen und sein Leben hinzugeben als Lösegeld für viele.[28]

Eine weitere

1. LESUNG Sir 39, 4–10

Sein Andenken wird niemals verschwinden

Lesung aus dem Buch Jesus Sirach.
Im Kreis der Großen tut er Dienst
und erscheint vor den Fürsten.[4]
Er richtet seinen Sinn darauf, den Herrn zu suchen,
und er betet vor dem Höchsten;
er öffnet seinen Mund zum Gebet
und fleht wegen seiner Sünden.[5]
Wenn Gott, der Höchste, es will,
wird er mit dem Geist der Einsicht erfüllt:
Er bringt eigene Weisheitsworte hervor,
und im Gebet preist er den Herrn.[6]
Er versteht sich auf Rat und Einsicht
und erforscht die Geheimnisse;[7]
er offenbart den sittlichen Wert seiner Lehre,
und sein Ruhm ist das Bundesgesetz des Herrn.[8]
Sein Andenken wird nicht schwinden,
sein Name wird leben bis in ferne Geschlechter.[9]
Von seiner Weisheit erzählt die Volksversammlung,
sein Lob verkündet die Gemeinde.[10]

1. ZWISCHENGESANG

Antwortpsalm: Ps 40 (39), 9–10.11.12

9 Deinen Willen zu tun, mein Gott, macht mir Freude,
deine Weisung trag' ich im Herzen.
10 Gerechtigkeit verkünde ich in großer Gemeinde,
meine Lippen verschließe ich nicht; Herr, du weißt es.

11 Deine Gerechtigkeit verberge ich nicht im Herzen,
ich spreche von deiner Treue und Hilfe,

ich schweige nicht über deine Huld und Wahrheit
vor der großen Gemeinde.

12 Du, Herr, verschließ mir nicht dein Erbarmen,
deine Huld und Wahrheit mögen mich immer behüten!

Kehrvers Ps 37 (36), 31:
Er hat die Weisung seines Gottes im Herzen,
seine Schritte wanken nicht.

Ulrichs-Lied

2. Drangsal und Leid schwertharter Zeit besiegte dein Flehn. Das Reich blieb bestehn, das Gott uns ausersehn. / Bitte für uns, bitte für uns, Sankt Ulrich, Sankt Ulrich!
3. Armen in Not brachst du das Brot, hast Hilfe gewährt und Frieden beschert, von Liebeskraft verzehrt. / Bitte für uns, bitte für uns, Sankt Ulrich, Sankt Ulrich!
4. Weise im Rat, mannhaft an Tat und mächtig im Wort, der Heimat ein Hort, bleib es auch immerfort. / Bitte für uns, bitte für uns, Sankt Ulrich, Sankt Ulrich!
5. Vater so mild, Wehr uns und Schild für Wahrheit und Recht, daß rein wir und echt, nie sind der Lüge Knecht. / Bitte für uns, bitte für uns, Sankt Ulrich, Sankt Ulrich!
6. Mitten im Sturm, bleib uns ein Turm der Zuflucht und Kraft, die Rettung uns schafft aus aller Nöte Haft. / Bitte für uns, bitte für uns, Sankt Ulrich, Sankt Ulrich!

T: 1. Strophe: Arthur Piechler, 2.–6. Strophe: Sr. Germana Förster 1955
M: Arthur Piechler, † 1974

Gebet zum heiligen Ulrich

Ewiger allmächtiger Gott! Du hast den heiligen Ulrich der Kirche von Augsburg zum Bischof und zum heiligen Schutzpatron gegeben. In einer von Gefahren erfüllten Zeit deiner Kirche hast du ihn zu einer eisernen Mauer und zum starken Felsen gemacht, der in der mutigen und unerschütterlichen Kraft des Glaubens selber stark war und die Gläubigen durch sein Gottvertrauen, durch sein Wort und sein Beispiel kräftigte. Gib uns auf seine Fürbitte auch in unserer Zeit, was wir so notwendig haben und demütig von dir erflehen: Gib uns die Kraft des Glaubens und eines treuen reinen christlichen Lebens und Kämpfens, mit deren Beispiel uns der heilige Ulrich voranleuchtet! Gib uns die alles ertragende und alles überwindende Liebe zu Jesus Christus und zu deiner Kirche, damit wir inmitten aller finsteren Gefahren, die unsere Zeit bedrohen und bedrängen, treu auf deinen Wegen verbleiben! Rette, o Gott, mit deiner Macht unser Land, unser Volk, Europa, deine Kirche aus den Zeiten des Unfriedens und der Bedrängnis, wie du sie einst durch die Glaubensstärke des heiligen Ulrich und unserer Väter gerettet hast.

Hoherpriester Jesus Christus! Einst hat der heilige Ulrich unter uns, von dir auserwählt, die Gnaden deines hohenpriesterlichen Amtes ausgeteilt. Wir wollen diese Gnaden, die du uns in deiner großen Liebeshingabe am Kreuz geschenkt hast, niemals mißachten, immer hochschätzen, mit dem Gebet unserer Herzen suchen, in der Feier deines heiligen Opfers und an deinem Tisch empfangen. Wir wissen, daß du allein der Retter und Erlöser der Welt und der Heiland unserer Seelen bist.

Heiliger Ulrich, unser Schutzpatron, bleibe mit deiner mächtigen Fürbitte der starke Beschützer deines Volkes, ein Schirm des Abendlandes! Erflehe uns die Kraft des Glaubens und des Ausharrens und Siegens! Erflehe uns den Frieden und die Rettung aus allen Gefahren der Zeit!

Herr, erbarme dich unser auf die Fürbitte Marias und des heiligen Ulrich! Amen. Bischof Joseph Freundorfer von Augsburg